Pebble®
Bilingüe/Bilingual Plus

La Tierra en acción/Earth in Action

# Inundaciones/Floods

por/by Matt Doeden

Editora consultora/Consulting Editor: Gail Saunder-Smith, PhD

Consultora/Consultant: Susan L. Cutter, PhD
Distinguida Profesora y Directora de Carolina/Carolina Distinguished Professor and Director
Instituto de Investigación de Peligros y Vulnerabilidad/Hazards & Vulnerability Research Institute
Departamento de Geografía/Department of Geography
University of South Carolina

CAPSTONE PRESS
a capstone imprint

Pebble Plus is published by Capstone Press,
151 Good Counsel Drive, P.O. Box 669, Mankato, Minnesota 56002.
www.capstonepub.com

Books published by Capstone Press are manufactured with paper
containing at least 10 percent post-consumer waste.

*Library of Congress Cataloging-in-Publication Data*
Doeden, Matt.
  Inundaciones / por Matt Doeden = Floods / by Matt Doeden.
    p. cm.—(Pebble Plus bilingüe. La tierra en acción = Pebble Plus bilingual. Earth in action)
  Includes index.
  Summary: "Describes floods, how they occur, and ways to stay safe during a flood—in both English
and Spanish"—Provided by publisher.
  Text in English and Spanish.
  ISBN 978-1-4296-6121-8 (library binding)
  1. Floods—Juvenile literature. I. Title. II. Title: Floods. III. Series.
GB1399.D65 2011
551.48'9—dc22                                                                    2010040927

**Editorial Credits**
Erika L. Shores, editor; Strictly Spanish, translation services; Heidi Thompson, book designer;
    Danielle Ceminsky, bilingual book designer; Laura Manthe, production specialist

**Photo Credits**
FEMA News Photo/Jocelyn Augustino, 5, 7; Melissa Ann Janssen, 19
Getty Images Inc./Chris Graythen, 13; Joe Raedle, 21; Matt Cardy, 17; Scott Olson, cover, 9
Shutterstock/Four Oaks, 1, 11; Jerry Horbert, 15

# Note to Parents and Teachers

The La Tierra en acción/Earth in Action set supports national science standards related to earth
science. This book describes and illustrates floods in both English and Spanish. The images
support early readers in understanding the text. The repetition of words and phrases helps early
readers learn new words. This book also introduces early readers to subject-specific vocabulary
words, which are defined in the Glossary section. Early readers may need assistance to read
some words and to use the Table of Contents, Glossary, Internet Sites, and Index sections of
the book.

Printed in the United States of America in North Mankato, Minnesota.
022011      006080R

# Table of Contents

# Tabla de contenidos

# What Is a Flood?

Floods happen when water covers places it usually doesn't. Floods are the most common natural disaster in the United States.

# ¿Qué es una inundación?

Las inundaciones ocurren cuando el agua cubre lugares que normalmente no están cubiertos por agua. Las inundaciones son el desastre natural más común de los Estados Unidos.

# What Causes Floods?

Heavy rain causes flash floods. The ground cannot soak up all the rainwater. Floods also happen when a levee or a dam breaks.

# ¿Cuáles son las causas de las inundaciones?

La lluvia abundante causa inundaciones repentinas. El suelo no puede absorber toda el agua de la lluvia. Las inundaciones también ocurren cuando se rompe un dique o una presa.

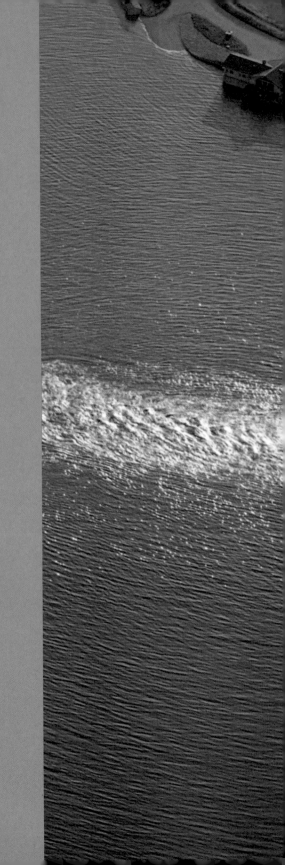

7

Rain or melting snow can make rivers
overflow. Other times hurricanes
blow ocean water onto land.

---

La lluvia o la nieve derretida pueden
hacer que los ríos se desborden. En otras
ocasiones, los huracanes llevan agua del
océano a tierra firme.

# Dangers of Floods

Floods are dangerous. Moving water can sweep away people and cars. Floods can wash away roads and bridges.

# Los peligros de las inundaciones

Las inundaciones pueden ser peligrosas. La corriente de agua puede arrastrar a personas y vehículos. Las inundaciones pueden destruir calles y puentes.

Floods often damage homes
and buildings. Wet wood rots inside
walls. Dangerous mold grows.

---

Las inundaciones a menudo dañan
casas y edificios. La madera húmeda
se arruina dentro de las paredes.
El moho que crece es peligroso.

# Staying Safe

People should move to

high ground during a flood.

They should never drive

on flooded roads.

# Cómo permanecer seguro

Las personas deben trasladarse

a terrenos elevados durante

una inundación. Nunca deben

conducir por caminos inundados.

Dirty flood waters can spread diseases. During floods, people should drink and cook with bottled water.

_____

Las aguas sucias de la inundación pueden diseminar enfermedades. Durante las inundaciones, las personas deben beber agua embotellada y cocinar con ella.

Scientists use radar and other tools to predict floods. They send out flood warnings. Warnings tell people an area is in danger of flooding.

―――――――――――――――――――――――――――――

Los científicos usan el radar y otras herramientas para predecir las inundaciones. Ellos envían alertas de inundación. Las alertas les dicen a las personas que un área está en peligro de inundarse.

People can prepare for floods. They pile sandbags to keep water away from buildings. Sometimes people leave their homes until the flood is over.

---

Las personas pueden prepararse para las inundaciones. Ellas apilan sacos de arena para evitar que el agua llegue a los edificios. En ocasiones las personas se van de sus hogares hasta que termine la inundación.

# Glossary

flash flood—a flood that happens with little or no warning, often during periods of heavy rainfall

high ground—an area that lies above flood waters

hurricane—a very large storm with high winds and rain

levee—a slope or barrier, usually made of earth, that stops flood waters

mold—a fungus that often grows on damp objects

predict—to make an informed guess that something will happen

radar—a weather tool that sends out microwaves to determine a storm's size, strength, and movement

# Internet Sites

FactHound offers a safe, fun way to find Internet sites related to this book. All of the sites on FactHound have been researched by our staff.

Here's all you do:

Visit *www.facthound.com*

Type in this code: 9781429661218

Check out projects, games and lots more at
**www.capstonekids.com**

# Glosario

**el dique**—una pendiente o barrera, usualmente hecha de tierra, que detiene las aguas de una inundación

**el huracán**—una tormenta muy grande con vientos fuertes y lluvia

**la inundación repentina**—una inundación que ocurre sin que existan señales de alerta o con muy poco tiempo de alerta, a menudo durante períodos de lluvia abundante

**el moho**—un hongo que a menudo crece en objetos húmedos

**predecir**—adivinar de manera informada que algo ocurrirá

**el radar**—una herramienta meteorológica que envía microondas para determinar el tamaño, la fuerza y el movimiento de una tormenta

**el terreno elevado**—un área que está más arriba que las aguas de la inundación

# Sitios de Internet

FactHound brinda una forma segura y divertida de encontrar sitios de Internet relacionados con este libro. Todos los sitios en FactHound han sido investigados por nuestro personal.

Esto es todo lo que tienes que hacer:

Visita *www.facthound.com*

Ingresa este código: 9781429661218

¡Algo súper divertido! Hay proyectos, juegos y mucho más en www.capstonekids.com

# Index

# Índice